DESSINS ET TABLEAUX

ANCIENS ET MODERNES

PROVENANT EN PARTIE DE LA COLLECTION

DE M. H. Desfaitteur

ANCIEN ARCHITECTE DU GOUVERNEMENT

JUIN 1901

CATALOGUE

DE

DESSINS ET TABLEAUX

ANCIENS ET MODERNES

LA VENTE AURA LIEU

Les Vendredi 7 et Samedi 8 Juin 1901

A DEUX HEURES PRÉCISES

HOTEL DES COMMISSAIRES-PRISEURS, rue Drouot, n° 9

SALLE N° 7, AU PREMIER

Par le ministère de M° MAURICE DELESTRE, commissaire-priseur

5, rue Saint-Georges

Assisté de M. ED. RAHIR, libraire

55, passage des Panoramas

EXPOSITION PUBLIQUE

Le Jeudi 6 Juin 1901, de deux heures à cinq heures

CONDITIONS DE LA VENTE

Elle sera faite au comptant.

Les acquéreurs paieront *dix pour cent* en sus des en-
chères, applicables aux frais.

ORDRE DES VACATIONS

Le Vendredi 7 Juin 1901

Dessins de différents genres. . . . .　　8 à 117

Le Samedi 8 Juin 1901

Dessins d'architecture et de décoration. . . .　118 à 203
Tableaux . . . .　　1 à　 7

(L'ordre numérique ne sera pas suivi.)

Paris. — Imp. de l'Art, E. MOREAU ET C¹°, 41, rue de la Victoire.

CATALOGUE

DE

DESSINS ET TABLEAUX

ANCIENS ET MODERNES

Provenant en partie de la Collection de M. H. D...

Ancien Architecte du Gouvernement

DESSINS DE DIFFÉRENTS GENRES

TABLEAUX — VUES DE PARIS

DESSINS D'ARCHITECTURE ET DE DÉCORATION

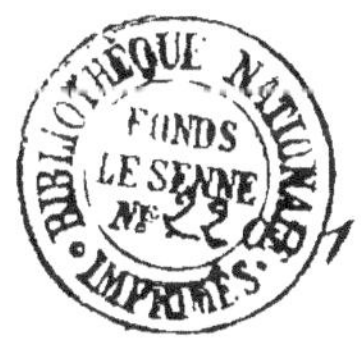

PARIS

LIBRAIRIE DAMASCÈNE MORGAND

ÉDOUARD RAHIR ET C^{ic}, SUCCESSEURS

Libraires de la Société des Bibliophiles françois

55, PASSAGE DES PANORAMAS, 55

1901

DÉSIGNATION

TABLEAUX

ÉCOLE FRANÇAISE

(XVII° siècle)

1. Vue du Pont-Neuf, du Louvre et des quais.
Dans la perspective, le pont Rouge encore cons-
truit en bois. Devant la statue de Henri IV, des
bateleurs et marchands ambulants. Peinture sur
toile. Encadrée.

H. 0.28. L. 0.41.

ÉCOLE FRANÇAISE

(XIX° siècle)

2. Prise de l'Hôtel de Ville, le 28 juillet 1830. Pein-
ture sur toile. Encadrée.

H. 0.42. L. 0.62,

GOYA (Fr.)

3. Portrait de l'artiste peint par lui-même. La tête découverte, tournée légèrement à gauche, et le haut du corps sont seuls visibles. Peinture sur bois. Encadrée.

> Précieuse peinture donnant le portrait de l'artiste à l'âge de cinquante ans environ.
>
> H. 0.16. L. 0.12.

PILLEMENT (Jean)

4. La rentrée du troupeau. — Un naufrage dans les rochers. Deux peintures sur bois, signées des initiales. Encadrées.

> H. 0.12. L. 0.17.

PILLEMENT

5. Troupeau surpris par l'orage. — Pêcheurs dans les rochers. Deux peintures sur bois, signées des initiales. Encadrées.

> H. 0.12. L. 0.17.

SAINT-AUBIN (Gabriel de)

6. Portrait de l'artiste par lui-même. Il est représenté assis, la tête vue de face, et est occupé à feuilleter un carton d'estampes. Peinture sur bois. Dans un cadre ancien.

> « Enfin, M. Destailleur a acquis tout dernièrement une peinture
> « qui par sa provenance, la note qui est au dos du cadre, a tous
> « les caractères d'une peinture originale de Gabriel, et cette
> « peinture, c'est son portrait, et un portrait qui a les dimensions
> « du portrait exposé au Colysée par l'auteur, en 1776.
>
> « Gabriel de Saint-Aubin s'est représenté en robe de chambre
> « rougeâtre, vu de dos, les cheveux dénoués et sans poudre, la

GOYA (?).

1. Portrait de l'artiste peint par lui-même. La tête
   l'amorce(?) les mains tiennent à gauche, et le
   haut du corps sont seuls visibles. Peinture sur
   bois. Encadrée.

> Précieuse pièce représentant le portrait de l'artiste à l'âge de
> soixante ans environ.

P. 0,16 L. 0,12.

VOLLEMENT Jean

4. La rentrée du troupeau. — Un naufrage dans
   les rochers. Deux peintures sur bois, signées
   des initiales. Encadrées.

H. 0,12. L. 0,17.

VOLLEMENT

5. Troupeau surpris par l'orage. — Pêcheurs dans
   les rochers. Deux peintures sur bois, signées
   des initiales. Encadrées.

H. 0,12. L. 0,17.

SAINT-AUBIN (Gabriel de)

6. Portrait de l'artiste par lui-même. Il est repré-
   senté assis, la tête nue, au fond est occupé à
   feuilleter un carton d'estampes. Peinture sur
   bois. Dans un cadre ancien.

> « Enfin, M. Destailleur a acquis tout dernièrement une peinture
> qui par sa provenance, la note qui est au dos du cadre, a tous
> les caractères d'une peinture originale de Gabriel, et cette
> peinture, c'est son portrait, et ce portrait qui a les dimensions
> du portrait exposé au Salon du amateur, en 1776.
> « Gabriel de Saint-Aubin s'y représente en robe de chambre
> rougeâtre, à de même les cheveux dénoués et sans poudre, la

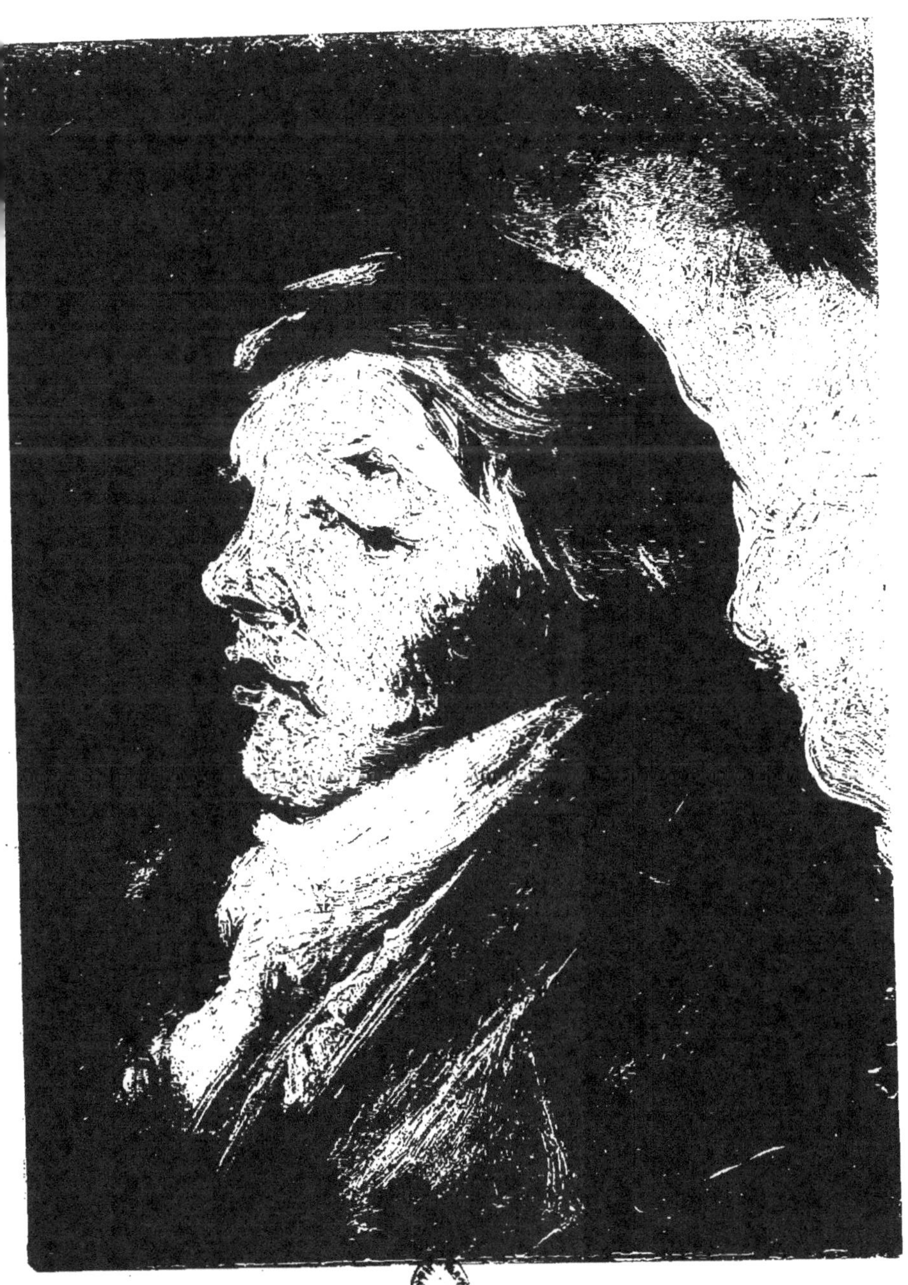

N° 3

« tête retournée vers le spectateur, les mains occupées devant
« lui à feuilleter un carton de gravures.

« Le type est singulier; c'est une figure longue, longue et im-
« berbe, qui a quelque chose d'un visage ecclésiastique, d'un
« long séminariste.

« La peinture est un peu lisse, un peu plate, un peu froide-
« ment bleuâtre, elle n'a aucun des pétillements et des accen-
« tuations spirituelles de ses aquarelles gouachées, mais la robe
« de chambre et le dos de la chaise sont peints de la manière
« grasse et beurrée d'un Chardin.

« Au dos du cadre est écrit, d'une écriture du temps : *Gabriel*
« *de Saint-Aubin, peint par lui-même en* 1750. Ce serait un por-
« trait de jeunesse, un portrait que l'auteur aurait fait de lui-
« même à vingt-six ans. Goncourt. L'*Art au dix-huitième siècle.*»
H. 0.29. L. 0.21.

VIEN (J.-M.)

7. Inauguration de la statue de Louis XV, par le
duc de Chevreuse et le corps de ville de Paris en
1763. Peinture sur toile. Encadrée.

Gravée par *Née* pour le *Voyage en France* de M. de La Borde.
H. 0.28. L. 0.19.

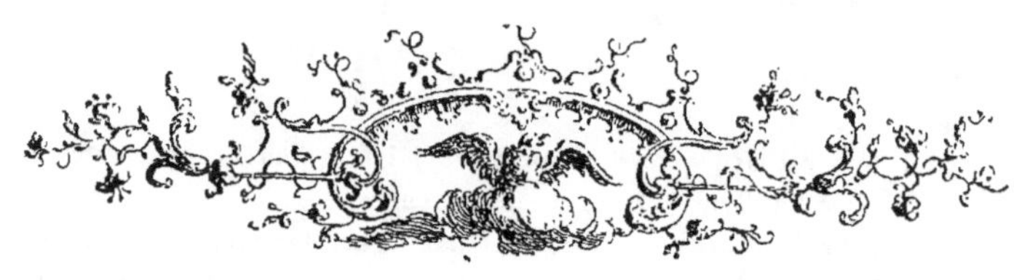

DESSINS DE DIFFÉRENTS GENRES

ALDEGRAVER (H.)

8. Supplice d'une martyre chrétienne, au moyen
d'un instrument ayant la forme d'une guillotine.
A la plume et à la sépia. Encadré.

H. 0.21. L. 0.16.

BÉRAIN (J.)

9. Costumes de ballets d'opéra. Neuf figures de
femmes, portant de riches costumes. Neuf beaux
dessins à l'encre de Chine, les uns rehaussés
d'aquarelle.

H. 0.42. L. 0.30.

(Ce numéro pourra être divisé).

BÉRICOURT

10. Saltimbanques. — Bal de barrière. Deux dessins à
l'aquarelle,

H. 0.26. L. 0.42.

BONNINGTON (Robert)

11. Paysages, marines, sculpture. Neuf croquis à la
plume et au crayon noir.

CALLOT (J.)

12. Vue du Pont-Neuf et de la Tour de Nesle. A la
plume. Cadre ancien en bois sculpté.

> A été gravé.
>
> H. 0.26. L. 0.51.

13. Femme debout, vue de dos. Elle porte un pa-
nier au bras gauche. A la plume. Encadré.

> H. 0.19. L. 0.10.

CHARLET (N.-T.)

14. Napoléon Ier, à cheval, lisant une lettre qui
vient de lui être remise par un officier. A la sé-
pia. Encadré.

> H. 0.31. L. 0.36.

CHOFFARD (P.-P.)

15. Encadrement pour un brevet militaire. Dans le
haut, les armes de la ville de Berne soutenues
par deux femmes personnifiant, l'une Minerve,
l'autre l'Abondance. Dans le bas, faisceau de
drapeaux et de sabres. A la plume et à l'encre
de Chine. Signé et daté 1795. Encadré.

> H. 0.26. L. 0.54.

16. Carte d'invitation pour un bal. Une draperie,
portée par deux consoles surmontées de deux
torchères, dont les plis retombent sur les attri-
buts de la musique et de la danse. A la plume et
à la sépia. Signé. Cadre orné.

> H. 0.09. L. 0.06.

COCHIN (Ch. Nic.)

17. Le Bon Vieillard couronné par Cérès. Projet de
médaille allégorique. A la sanguine. Encadré.

Diamètre : 0.12.

COYPEL (Ch.-Ant.)

18. Entrée triomphale de Sancho Pança dans l'île
de Barataria. Aux crayons de couleur. Signé.
Encadré.

A été gravé et exécuté en tapisserie.
H. 0.40. L. 0.47.

DECAMPS (A.-G.)

19. Un Moulin à vent à l'entrée d'un village. Au
fusain et au crayon noir. Encadré.

H. 0.20. L. 0.27.

20. Laitière. — Paysage au bord d'une rivière. Deux
dessins à la sépia et au crayon noir.

DELACROIX (Eugène)

21. Cavalier arabe. Aquarelle signée. Encadrée.

H. 0.12. L. 0.15.

DESRAIS (Cl.-L.)

22. Les filles du monde sont rasées et envoyées à
l'hôpital par ordonnance du lieutenant de police.
Plume et sépia. Encadré.

Très spirituel dessin. A été gravé.
H. 0.25. L. 0.38.

DEVERIA (A.)

23. Portraits de personnages anciens et modernes. Douze dessins à la sépia.

> Homère, Rabelais, Bossuet, Sterne, Mme Geoffrin, Mme Du Deffand, etc.

DIVERS

24. Portraits de personnages du xvie siècle. Vingt portraits à la plume et au crayon.

> Maurice Scève, dessin sur vélin; Ant. Du Pois, Erasme, Beringhier, etc.

25. Portraits de personnages français du xviie siècle. Quatre dessins au crayon, à la sanguine et à l'encre de Chine.

> Scaramouche, Turenne, le Docteur Fagon, Ravaillac.

26. Portraits de divers personnages français et étrangers du xviie siècle. Onze dessins.

> Le Comte de Toulouse, le Duc du Maine, Jacques II, Villeroy, Léopold Ier, etc.

27. Portraits de personnages célèbres de la Révolution. Sept portraits au crayon et à la plume.

> Portraits de Mirabeau, Marat, Saint-Just, Robespierre, Mlle de Sombreuil.

28. Portraits de personnages français du xixe siècle. Douze dessins à l'aquarelle, à la plume, au crayon, par Garbet, R. de Beauvoir, duchesse de Noailles, Desperet.

> Duc de La Rochefoucauld, Casimir-Perier, Duc d'Orléans, etc.

29. Scènes de la Restauration et de la Révolution de 1830. Six dessins au crayon noir et à l'aquarelle, par Mansson, Chabrillat et V. Adam.

30. Scènes de la Commune et ruines de Paris après le siège et la Commune. Neuf dessins à la sépia et au crayon noir, par Varin, Yon et Chauvet.

31. Batailles. — Scènes militaires. Seize dessins au crayon noir, à la sépia et à l'aquarelle, par Aubry, Gobaut, Girardet, Jacob.

32. Costumes d'hommes et de femmes. Vingt dessins au crayon noir, à la plume et à l'aquarelle, par B. Picart, Vernet, Lanté, etc.

33. Scènes de mœurs. — Types de la rue. — Caricatures, etc. Trente-cinq dessins au crayon noir, à la plume, à la sépia et à l'aquarelle, par Lazerges, Renou, Vernet, Charlet, Chabrillat, etc.

34. Vignettes pour Almanachs et Calendriers. Trente-six dessins à la plume, à la sépia et au crayon noir.

Ont été gravés et publiés dans des almanachs publiés par *Janet* et *Marcilly* vers 1830. Une des séries est copiée sur les *Inconvénients du voyage en diligence*, de Leprince.

35. Paysages, monuments, vues de villes. Dix dessins à la plume, à la sépia et au crayon, par Waterloo, Nicolle, J. Vernet, etc.

36. Paysages. Vingt dessins par Ciceri. Calame, Lescot, Le Vasseur, Ouvrié, Thomas, etc.

37. Paysages. — Monuments antiques, etc. Quinze
dessins à la sépia et à l'aquarelle, par Granet, le
prince de Joinville, Ciceri.

38. Vues de villes et de monuments. Quatorze des-
sins à l'aquarelle, par Alt, Andorff, Ciceri, Fonte-
nay, Soules, Mansson, etc.

39. Paysages d'Algérie et d'autres pays. Vingt
dessins à l'aquarelle et au crayon.

40. Animaux divers : chevaux, chiens, oiseaux, etc.
Douze dessins à l'aquarelle, à la sanguine et à la
sépia.

DUPLESSIS (J.-S.)

41. Un Choc de cavalerie. A la plume et à la sépia.
Encadré.
> H. 0.18. L. 0.12.

DUPLESSIS-BERTAUX

42. Napoléon, debout sur un tertre, assistant à un
combat. Il tient un gant dans ses mains croi-
sées. Au crayon noir rehaussé. Encadré.
> A été gravé.
> H. 0.15. L. 0.10.

ÉCOLE FRANÇAISE
(XVIe siècle)

43. Vertumne et Pomone. La scène se passe dans
un superbe jardin avec berceaux, fontaine, mo-
numents. Plusieurs nymphes entourent Pomone

étendue sur des coussins. A la plume, avec rehauts de blanc sur papier teinté. Encadré.

Probablement exécuté pour modèle de tapisserie.

H. 0.26. L. 0.41.

ÉCOLE FRANÇAISE
(XVIIe siècle)

44. Vues de villes. — Exercices équestres. — Projet de statue. Douze dessins à la plume.

Par *Silvestre, Perelle* et *Della Bella.*

ÉCOLE FRANÇAISE
(XVIIIe siècle)

45. Portrait de Jeune Femme. Elle est assise, la tête de face, la gorge découverte. A la mine de plomb. Encadré.

H. 0.16. L. 0.13.

46. Vue de la Seine, du Pont Royal et des Tuileries, prise de l'hôtel de Salm. A la plume et à la sépia. Encadré.

H. 0.45. L. 0.70.

47. Vue du Collége des Quatre-Nations, du quai et du Pont Royal. A la plume et à la sépia. Encadré.

Pendant du précédent.

H. 0.45. L. 0.70.

48. Une allée dans un parc. Au premier plan, une fontaine ; dans le fond, un palais à colonnades. Nombreux promeneurs. Au crayon noir. Cadre ancien en bois sculpté.

H. 0.06. L. 0.09.

49. Feuille d'éventail. Pastorale avec bergers et
bergères. Encadrement de rinceaux et de fleurs.
A la gouache. Encadré.

    H. 0.12. L. 0.50.

50. Scènes familiales, scènes mythologiques, têtes
d'hommes et de femme. Onze dessins à la plume,
à la sépia, au crayon noir et aux crayons de
couleur.

    Dessins de *De Boissieu, Leclerc, Le Lorrain*, etc.

51. La mort d'un religieux. Étendu sur une natte
dans la chapelle d'une église, il est entouré de
moines en prières. A la plume et à la sépia. En-
cadré.

    H. 0.16. L. 0.09.

ÉCOLE FRANÇAISE
(XIXᵉ siècle)

52. Fête pour la paix générale donnée à Paris le
18 Brumaire an 10. — Illuminations du pont et
de la place de la Concorde. — Temple du Com-
merce et feu d'artifice sur la Seine. — Illumina-
tions des quais et du pont des Tuileries. Trois
aquarelles sur trait gravé. Encadrées.

    H. 0.54. L. 0.78.

(Ce numéro pourra être divisé.)

EISEN (Ch.-Fr.)

53. Le Chaudronnier, scène d'opéra-comique. Une
fille aux genoux de son père intercède pour son

amant qui s'est blotti dans une baignoire. A
l'encre de Chine. Encadré.

Jolie composition.
H. 0.22. L. 0.17.

FRANCK (F.)

54. Un cavalier et une dame en riche costume, devi-
sant d'amour. A la plume, avec rehauts d'aqua-
relle. Encadré.

A été gravé par *M. Lasne*.
H. 0.26. L. 0.12.

GAVARNI

55. Pudeur et Impudeur. Aquarelle signée. Encadrée.
A été lithographié pour illustrer la *Correctionnelle*.
H. 0.18. L. 0.14.

GÉRICAULT (Th.)

56. Cuirassiers enlevant une batterie. Aquarelle si-
gnée et datée 1822. Encadrée.
H. 0.17. L. 0.23.

57. Laboureurs. — Études d'académies. Trois dessins
et croquis à l'aquarelle, à la plume et au crayon.

GIRAUD (P.-F.)

58. Pâtre italien. — La Prière à la Madone. — Pê-
cheur. Trois dessins à l'aquarelle. Signés.

GOUBAUD

59. Scènes historiques et populaires. Cinq dessins à
la mine de plomb, signés et datés 1835.

Talleyrand et Metternich. Arrestation. Jardin des Tuileries, etc.

[illegible] [illegible]

[illegible]

FRAGONARD

[illegible] costume, devi-
[illegible] Aquarelle. Encadré.
[illegible]
[illegible]

GAVARNI

[illegible] Pêcher [illegible] Encadrée.
[illegible]
[illegible]

GÉRICAULT

[illegible] Cuirassiers [illegible] Aquarelle si-
gnée et datée 1822 [illegible]
[illegible]

[illegible] Le bourreau [illegible] Trois dessins
[illegible] à la plume et au crayon.

CHARLET

[illegible] Madone. — Pê-
cheur [illegible] Signés.

COROT

[illegible] cinq dessins à
[illegible] signés [illegible] 1835
[illegible]

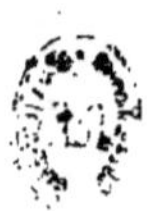

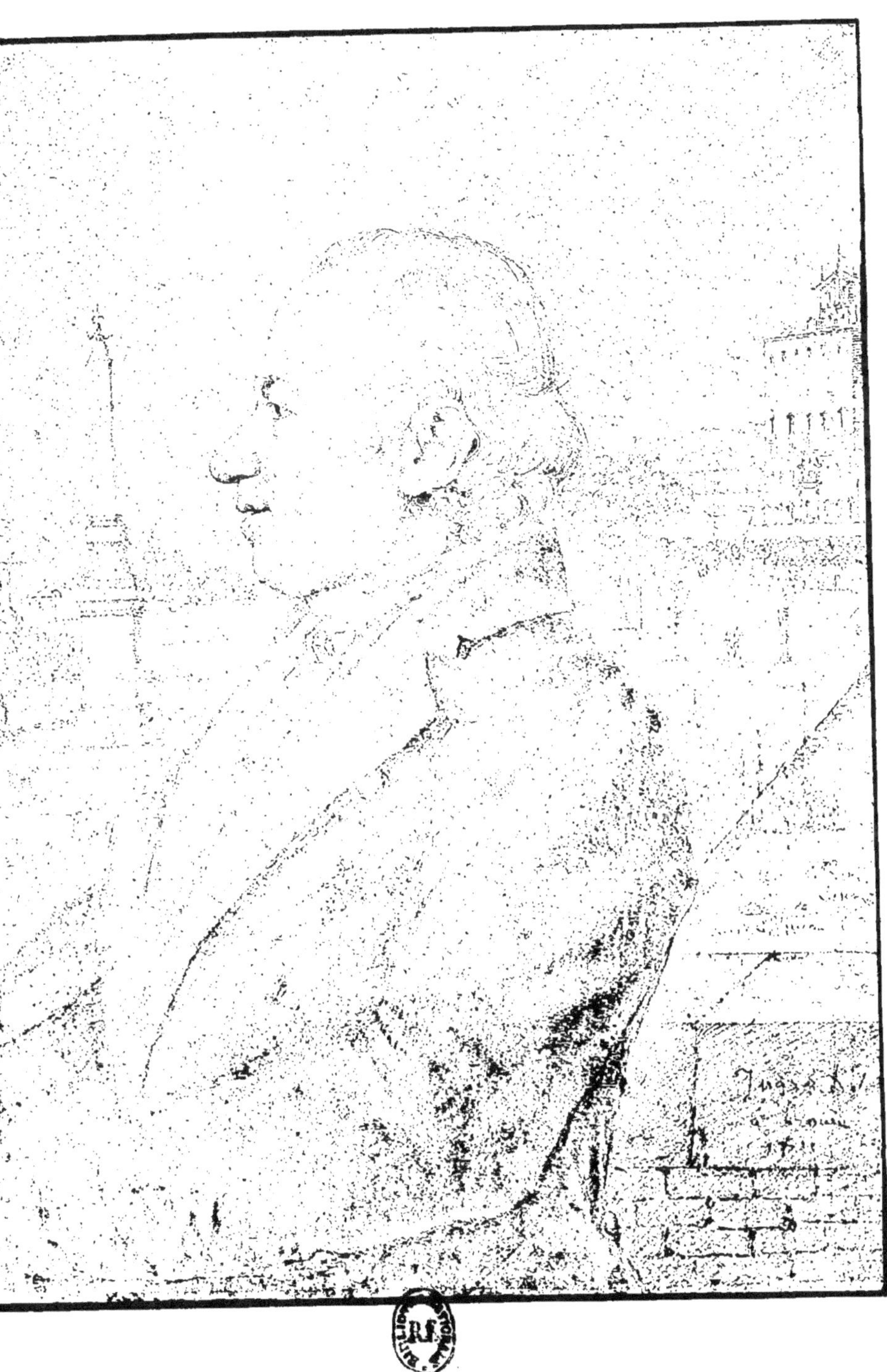

GRANDVILLE (J.-J.)

60. Illustrations pour les scènes de la vie des animaux. Quatre dessins à la plume.

GRAVELOT (H.)

61. Jacques Amyot, évêque d'Auxerre, passant, au col du roi Henri III, le grand collier de l'Ordre du Saint-Esprit. A la plume et à la sépia. Signé. Encadré.

> A été gravé par *L. Cars*, pour illustrer le *Catalogue des Chevaliers du Saint-Esprit*.
>
> H. 0.14. L. 0.13.

GREUZE (J.-B.) ?

62. L'Accordée de village. A la sanguine. Encadré.

> H. 0.30. L. 0.21.

HUET (J.-B.)

63. Scènes diverses du voyage du roi Louis XVI, à Cherbourg. Arrivée du roi en carrosse. Le roi accordant une faveur à une femme accompagnée de ses enfants. Installation dans le port de cônes insubmersibles. Le roi dans une barque assiste à un combat naval, etc. A la plume avec rehauts d'encre de Chine et de sépia. Encadré.

> Ce dessin paraît avoir été utilisé comme modèle de décoration de tenture ou d'étoffe.
>
> H. 100. L. 0.90.

INGRES (J.-A.-D.)

64. Portrait d'homme vu de profil, la tête tournée à gauche. Dans le fond, des monuments de Rome.

3

Au crayon noir. Signé et daté : *Ingres del. a Rome*, 1811. Encadré. Ancienne monture à la Glomy.

H. 0.16. L. 0.22.

JOHANNOT (Tony)

65. Vignettes pour illustrer les œuvres de Walter Scott, F. Cooper, Molière, etc. Dix-sept dessins à l'aquarelle, à la sépia et au crayon noir.

La plupart de ces dessins ont été gravés.

LA BRIÈRE

66. Vue de la pose de la première pierre à la reconstruction de l'Abbaye de Notre-Dame-aux-Nonnains de la ville de Troyes, faite par Mme Victoire de France, représentée par Mme la marquise de Montmorin, le 30 avril 1778. A la plume et à l'aquarelle. Signé. Dans un cadre ancien.

H. 0.38. L. 0.63.

LAGNEAU (Th.)

67. Portrait de Ambroise Paré. Au crayon noir sur papier bleu. Encadré.

A été gravé par *Etienne Delaune*.

H. 0.19. L. 0.15.

LALLEMAND (J.-B.)

68. Vue de la façade de la nouvelle église Sainte-Geneviève. De nombreux personnages contemplent l'édifice. A l'encre de Chine et à l'aquarelle. Encadré.

H. 0.17. L. 0.14.

LAMI (Eug.)

69. Rendez-vous de chasse. A la gouache et à l'aquarelle. Encadré.

> H. 0.27. L. 0.30.

LANCRET (Nic.)

70. Homme debout, coiffé d'un tricorne, il a les mains réunies et appuyées sur un bâton. Dans le haut une étude de mains. A la sanguine. Encadré.

> H. 0.19. L. 0.11.

LE CLERC (Séb.)

71. La galerie de Versailles vue en perspective dans une partie de sa longueur. A la plume et à la sépia. Signé. Encadré.

> A été gravé pour servir de frontispice aux *Conversations* de Mlle de Scudery.
>
> H. 0.13. L. 0.09.

72. Divers personnages, hommes et dames réunis dans un salon, jouant aux cartes. Au bas, quatre vers. A la plume et à la sépia. Encadré.

> A été gravé.
>
> H. 0.10. L. 0.17.

MANSSON (Th.)

73. Scènes diverses de la Révolution de 1848. — Combat du clos Saint-Lazare. — Barricade du faubourg Saint-Antoine. — Barricade du Petit-Pont. Trois dessins aux crayons de couleur. Signés. Encadrés.

> H. 0.16. L. 0.24.

MARILLIER (P.-C.)

74. Frontispice des tragédies de M. Dorat. A la plume
et à la sépia. Signé et daté 1777. Encadré.

> A été gravé par *Duflos*.
> H. 0.14. L. 0.09.

75. Cul-de-lampe, dont la partie principale est formée
des armoiries de Bretagne. Dans la partie infé-
rieure, un personnage poursuivi par l'Envie. A
la plume et à la sépia. Signé et daté 1775. En-
cadré.

> A été gravé par *Lingée* pour illustrer une nouvelle de Baculard
> d'Arnaud : *Le Prince de Bretagne.*
> H. 0.10. L. 0.08.

MÉRIMÉE (Prosper)

76. Portrait d'un cavalier kalmouk. A la plume.
Signé.

> Envoi autographe à M. Gérard.
> H. 0.26. L. 0.20.

MEUNIER

77. Vue de la Monnaie et du quai Conti. Dans le
fond, le Louvre et le pont Royal. Aquarelle signée
et datée 1789. Encadrée.

> Très agréable aquarelle. A été gravée pour illustrer le *Voyage
> en France* de M. le comte de La Borde.
> H. 0.15. L. 0.24.

MONNIER (Henry)

78. Conversation. — La Leçon récitée. Deux dessins
à l'aquarelle et au crayon noir.

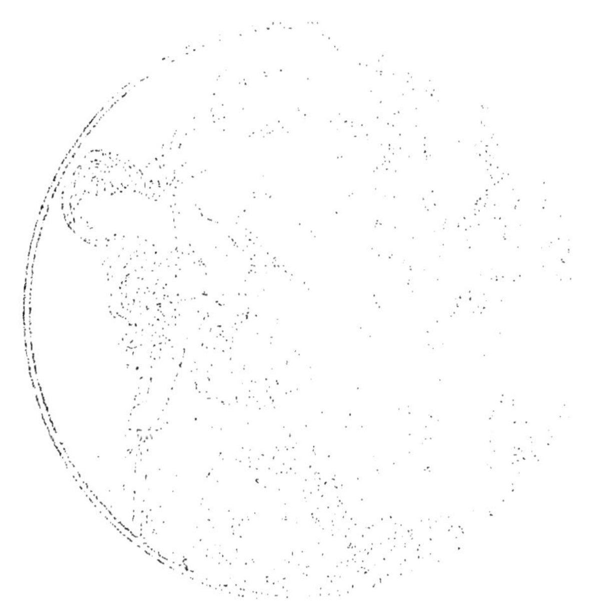

MARILHAT

76. Une campagne [...] dans le [...] [...] à [...] une petite rivière [...] À la plume et [...] la sépia [...] 1775. En [...]

PÉRIGNON (Nicolas)

76. Portrait d'une nouvelle [...]. À la plume. Signé.

MÉRIMÉE

77. Vue de [...] [...] [...]. Dans le fond, le [...] et la mer [...] aquarelle signée et datée 1742. En [...]

MONNOT (J. [...])

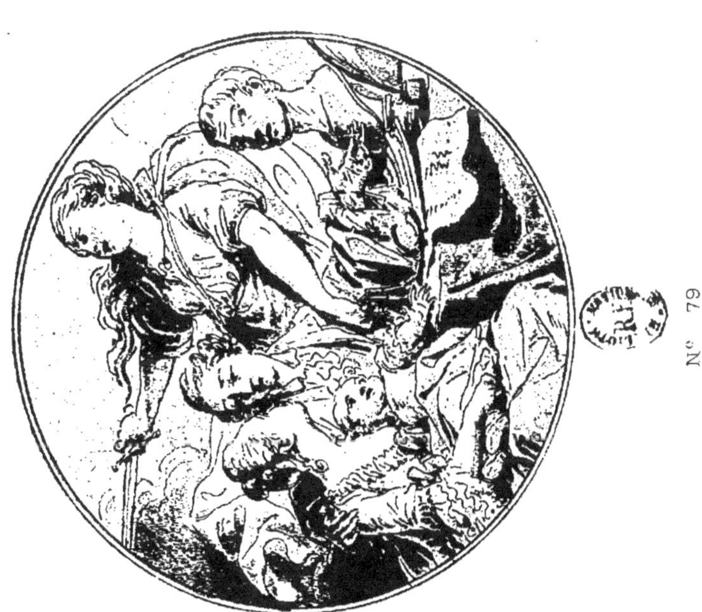

N° 79

MOREAU LE JEUNE (J.-M.)

79. Un homme et une femme qui tient un enfant
sur ses genoux, chantant la *Marseillaise* devant
un buste de Rouget de Lisle. Au-dessus d'eux, la
déesse de la Liberté. A la plume et à l'encre de
Chine. Encadré.

> Très joli dessin destiné à servir de dessus de boîte. De forme
> ronde.
> Diam. 0.08.

80. Portrait de Paul d'Albert, cardinal de Luynes,
dans un encadrement orné avec attributs reli-
gieux. A la plume et à la sépia. Encadré.

> A été gravé par *C. Le Vasseur*.
> H. 0.14. L. 0.08.

81. Bienfaisance de la reine Marie-Antoinette. A la
sépia. Signé et daté 1773. Encadré.

> Gravé par *Duclos*, pour illustrer les *Annales de Marie-Thérèse*,
> par Fromageot.
> H. 0.13. L. 0.08.

NASH

82. Cascade de Saint-Cloud. A l'aquarelle. Encadré.

> A été gravé.
> H. 0.08. L. 0.13.

NICOLLE (V.-J.)

83. Une rue de Rome. Dans la perspective, le dôme
de l'église Saint-Charles aux Catinari. Aquarelle
signée. Encadrée.

> H. 0.31. L. 0.20.

84. Une rue de Rome. Dans le fond, la colonne
Trajane. Aquarelle signée. Encadrée.
H. 0.31. L. 0.20.

85. Château neuf de Saint-Germain, habité par
S. A. S. Mme la duchesse de Courlande. A l'aqua-
relle. Encadré.
H. 0.11. L. 0.16.

NILSON (J.-E.)

86. Deux personnages, homme et femme, sortant
d'un appartement par une porte très richement
décorée. Plume, encre de Chine et aquarelle. En-
cadré.
H. 0.25. L. 0.19.

87. Deux personnages, homme et femme, en con-
versation devant une glace richement ornemen-
tée. Plume et encre de Chine. Signé et daté 1756. .
Encadré.
A été gravé.
H. 0.27. L. 0.19.

PARROCEL (C.)

88. Un militaire cherchant à retenir son cheval. A
la sanguine. Encadré.
H. 0.38. L. 0.31.

PICART (Bernard)

89. L'Assemblée des Dieux. A la plume et à l'encre
de Chine.
H. 0.20. L. 0.17.

PIERRE (J.-B.)

90. Médée s'enfuit sur un char trainé par des lions,
pour échapper à la fureur de Jason. A la plume
avec rehauts de blanc sur papier teinté. Signé.
Encadré.

> H. 0.34. L. 0.44.

QUEVERDO (F.-M.)

91. Frontispice projeté pour la Galerie des Grands
Hommes, recueil de portraits gravés en couleurs
par Alix. Dans la partie supérieure, Apollon est
représenté dans un médaillon circulaire contre
lequel s'appuient la Tragédie et la Comédie. Dans
le bas, une tablette ornée avec cartouche dans
lequel est représenté la Renommée. A la plume
et à l'aquarelle. Signé et daté 1797. Encadré.

> Jolie aquarelle d'une belle exécution.
>
> H. 0.29. L. 0.17.

RAPHAEL (Sanzio)

92. Fragment du tableau de la Descente des Mores
à Ostie. Plusieurs hommes s'enfuient, quelques-
uns mourants sont transportés par leurs compa-
gnons. A la plume. Encadré.

> Important croquis, probablement exécuté dans l'atelier de Ra-
> phaël par un de ses élèves.
>
> De la collection de MARIETTE.
>
> H. 0.25. L. 0.38.

RIGAUD (J.)

93. Parc de Versailles. Au premier plan, divers

groupes d'hommes et de femmes. Au crayon noir et à l'encre de Chine. Encadré.

H. 0.13. L. 0.18.

ROBERT (Hubert)

94. Divers personnages hommes et femmes, au milieu de ruines antiques ; pyramide, colonnade, obélisque renversé, statues, etc. A la plume et à l'aquarelle. Signé. Dans un cadre ancien.

H. 0.21. L. 0.16.

95. Projet d'arc de triomphe à l'entrée des Champs-Élysées. Aquarelle. Encadrée.

H. 0.34. L. 0.45.

96. Portrait de l'artiste dessinant au milieu de ruines antiques. Derrière lui une femme debout tenant un carton. Divers personnages sont occupés à regarder le dessinateur. A l'aquarelle. Encadré.

H. 0.20 L. 0.34.

ROWLANDSON (Th.)

97. Aventure de John Gilpin. A la plume avec rehauts d'encre de Chine. Encadré.

Vigoureuse esquisse.

H. 0.41. L. 0.62.

SAINT-AUBIN (Augustin de)

98. Portrait de Mme Dugazon, actrice du théâtre Italien. Au crayon et à l'aquarelle. Encadré.

Très gracieux dessin.

H. 0.11. L. 0.09.

[illegible] le crayon
[illegible]
[illegible]

SEGMENT [illegible]

[illegible] au milieu [illegible] promenade, obé-
[illegible] et à l'a-
[illegible] particulier.

[illegible]

[illegible] les Champs-
Élysées [illegible]

[illegible]

[illegible] au milieu de
[illegible] une jeune debout
[illegible] personnages sont oc-
[illegible] le dessinateur. À l'aquarelle.
[illegible]

[illegible]

ROULANDON [illegible]

[illegible] à la plume avec re-
[illegible]

[illegible]

[illegible]

[illegible] du théâtre Ita-
[illegible] Encadré.

[illegible]

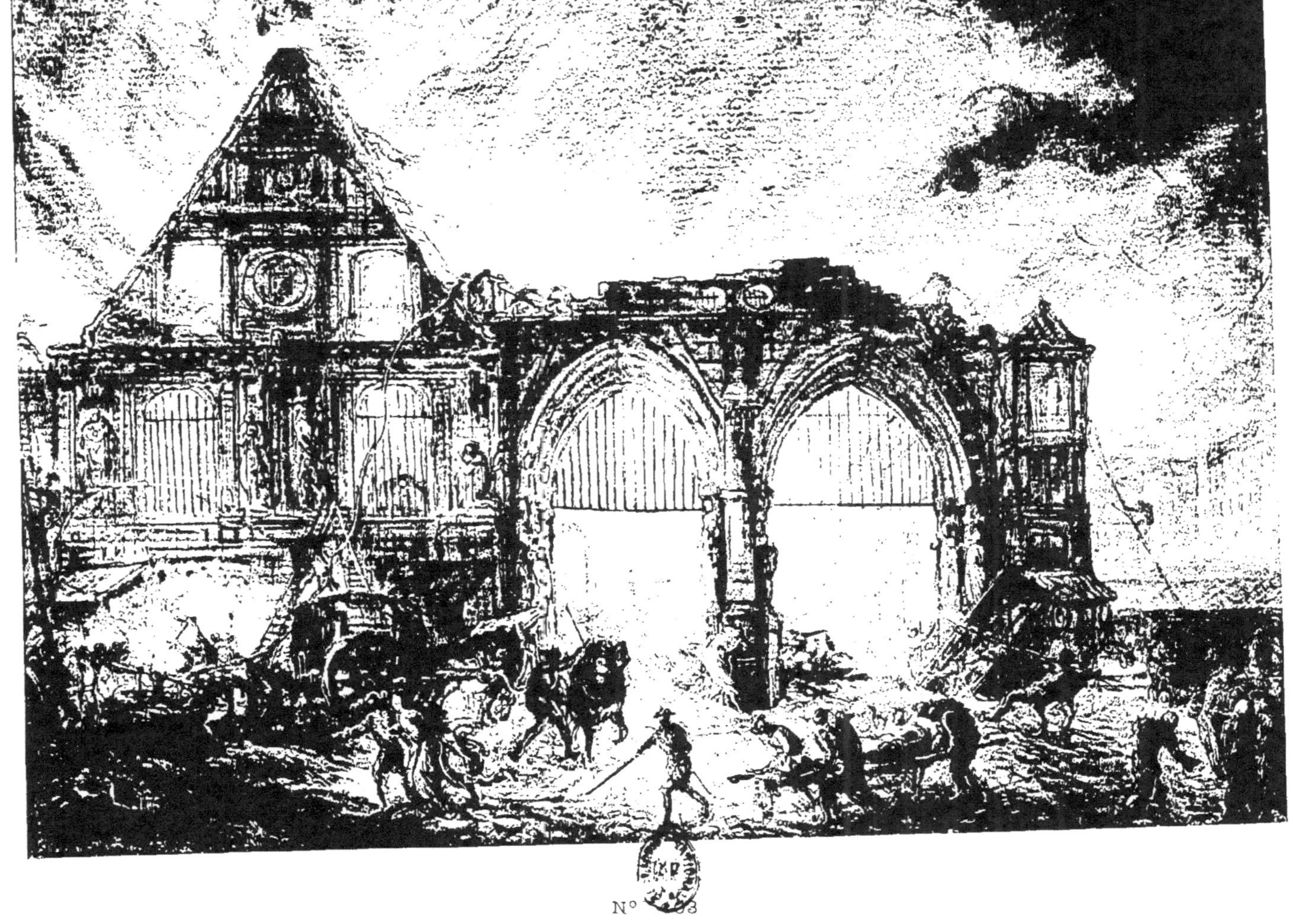

N° 3

99. Portrait de Mme Vestris, actrice du théâtre Français. Elle est représentée à mi-corps. Au crayon avec rehauts d'aquarelle. Encadré.

H. 0.15. L. 0.12.

100. Portrait de La Harpe, dans un cadre ovale. Il est représenté à mi-corps. Au crayon noir, avec rehauts de blanc. Encadré.

H. 0.14 L. 0.10.

101. Portrait de Mancini, duc de Nivernois. De profil à gauche, dans un ovale. Aux crayons de couleur, avec rehauts d'aquarelle. Encadré.

H. 0.12. L. 0.09.

102. Masques antiques accrochés à une stèle, séparés par des branches de feuillages. A la plume et à la sépia. Signé. Encadré.

Gravé par l'artiste pour illustrer la *Description des pierres gravées du duc d'Orléans*.

H. 0.14. L. 0.11.

SAINT-AUBIN (Gabriel de)

103. L'Incendie de l'Hôtel-Dieu dans la nuit du 29 au 30 décembre 1772. Les pompiers s'empressent de tous côtés pour éteindre l'incendie, tandis que des hommes se hâtent de sauver des malades sur des brancards, d'autres malades s'enfuient sans être vêtus. A la plume, à la gouache et à l'aquarelle. Signé des initiales. Encadré.

4

> Superbe dessin d'une rare qualité. Il provient de la collection
> du comte de La Béraudière et a été signalé par MM. de Gon-
> court dans *L'Art au dix-huitième siècle*, comme représentant l'in-
> cendie de la Foire Saint-Germain.

H. 0.24. L. 0.18.

104. Collège royal de pharmacie réédifié en 1778.
Vue d'un laboratoire; le professeur fait ses
expériences devant un nombreux public. Aqua-
relle sur pierre d'Italie. Signée et datée 1779.
Encadrée.

H. 0.20. L. 0.13.

105. Vue de la grande Chambre du Parlement de
Paris. Au crayon et à l'aquarelle. Signé et daté
1776. Encadré.

> Dans les marges, croquis à la plume et inscriptions.

H. 0.20. L. 0.15.

106. Scène de théâtre italien. Dans le fond, la Piaz-
zetta; entre les colonnes, un trône sous un dais.
Sur le devant de la composition, les différents
acteurs de la Comédie italienne. A la gouache.
Signé. Encadré.

H. 0.20. L. 0.14.

107. Vue prise à Ménilmontant. On distingue plu-
sieurs personnages assis dans le jardin d'une
maison rustique. Au crayon noir avec rehauts
d'aquarelle. Daté 1778. Encadré.

H. 0.19. L. 0.13.

SOMM (Henry)

108. Parisienne se rendant au Moulin-Rouge. Aquarelle. Encadrée.

H. 0.30. L. 0.20.

TAUNAY

109. Chasse à courre. Le cerf a traversé une rivière que franchissent des cavaliers et des amazones. A la plume et à la sépia. Signé et daté 1783. Encadré.

H. 0.25. L. 0.35.

TOPFFER (R.)

110. Garde nationale de Genève en 1822. Aquarelle. Signée des initiales. Encadrée.

H. 0.14. L. 0.10.

VERNET (Carle)

111. Départ d'une pièce d'artillerie attelée de quatre chevaux. A la plume et à l'encre de Chine. Signé. Encadré.

Très beau dessin.

H. 0.26. L. 0.36.

112. Le Galop de chasse. A la sépia. Encadré.

A été gravé par *Levachez*.

H. 0.22. L. 0.30.

113. La Bergère, cheval tenu en main par son palfrenier. A la sépia. Encadré.

A été gravé par *Levachez*.

H. 0.22. L. 0.30.

VERNET (Horace)

114. Costumes de femmes de l'époque Restauration.
Deux aquarelles signées des initiales. Enca-
drées.

> Ont été gravées.
> H. 0.21. L. 0.14.

VIGÉE (L.-E.)

115. Portrait de Femme, assise et brodant. Au
crayon noir et à la sanguine. Signé. Encadre.

> H. 0.22. L. 0.16.

116. Portrait de jeune Femme, assise et tricotant.
Au crayon noir. Encadré.

> H. 0.20. L. 0.17

WATTEAU (Ant.)

117. Femme dont le torse est nu, penchée en avant,
les mains croisées sur la poitrine. A la sanguine.
Encadré.

> De la Collection DESPERET.
> H. 0.17. L. 0.14.

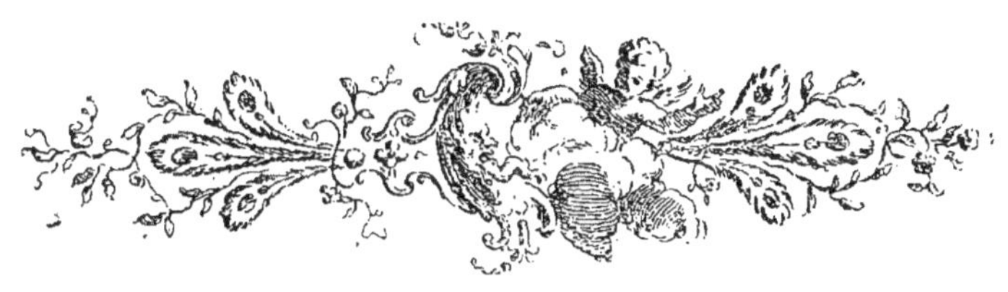

DESSINS

D'ARCHITECTURE, DE DÉCORATION
ET D'AMEUBLEMENT

AUBERT PARENT

118. Livre de serrurerie Modèles de grilles, balcons, rampes d'escaliers, devantures, etc. Quarante-deux dessins à la plume, rehaussés à l'encre de Chine et à l'aquarelle.

Ont été gravés.

BIRCKENHULTZ

119. Modèles d'agrafes, avec diamants et pierres de couleurs. Quatre dessins à l'aquarelle.

On y joint : Modèle de drageoir formé d'une coquille supportée par Neptune. A la plume, avec rehauts d'aquarelle.

BOFFRAND (Germain)

120. Deux faces d'un salon de l'hôtel du prince de Soubise, l'une du côté de la cheminée, l'autre du côté d'une glace, au-dessous de laquelle est une console ornée. Deux dessins au crayon noir, rehaussés à l'aquarelle.

H. 0.15. L. 0.23 et 0.26.

BOUCHER (Fils François)

121. Alcove décorée et drapée avec lit de face. A droite et à gauche, portes dont le panneau supérieur est orné d'une couronne traversée par des flèches. Au-dessus de chaque porte, un médaillon ovale flanqué de deux amours. A la plume et à l'aquarelle. Encadré.

    H. 0.27. L. 0.40.

122. Modèle de glace rectangulaire, ornée dans le haut de guirlandes et d'un fronton avec écusson surmonté par des amours. A droite et à gauche, lambris ornés. La glace repose sur une console à deux pieds. A la plume, à l'encre de Chine et à l'aquarelle. Encadré.

    H. 0.38. L. 0.26.

123. Face d'un salon du côté de la cheminée, surmontée d'une glace rectangulaire. A droite et à gauche, deux portes avec dessus ornés d'amours. — Face d'une salle à manger du côté des croisées. Deux dessins à la plume, à l'encre de Chine et à l'aquarelle.

    H. 0.26. L. 0.40 et 0.44

124. Armoires, écrans, gaines, brûle-parfums, etc. Sept dessins à la plume et à l'encre de Chine.

CAUVET (G.-P.)

125. Coupe du salon de l'hôtel de Salm, sur les croisées. Entre les deux fenêtres, garnies de ri-

deaux et de banquettes, une torchère formée
d'une femme debout sur un socle orné. Corniche
ajourée avec décors de femmes, d'amours, de
guirlandes et de vases. A la plume et à l'encre
de Chine. Encadré.

Dessin d'une très belle qualité.

H. 0.48. L. 0.45.

126. Coupe du salon de l'hôtel de Salm sur la fon-
taine. A droite et à gauche de la fontaine, deux
portes avec panneaux ornés et frontons sculptés.
Riche corniche avec sujets allégoriques, voussu-
res, brûle-parfums. Derrière la fontaine surmon-
tée d'une pendule-globe, une glace comprise entre
deux colonnes. A la plume et à l'encre de Chine,
avec rehauts d'aquarelle. Encadré.

Très beau dessin, pendant du précédent.

H. 0.48. L. 0.52.

127. Coupe de l'hôtel de Salm dans le sens de la lon-
gueur. Les décorations du portique, de l'anti-
chambre, du premier et du grand salon sont soi-
gneusement indiquées. A la plume et à l'encre de
Chine. Encadré.

H. 0.23. L. 0.60.

CHARPENTIER

128. Dessins de chaises, fauteuils, tabourets. Dix
dessins à la plume et à l'aquarelle.

Charpentier a fourni les dessins des planches de meubles insé-
rées dans le *Cabinet des Modes*.

H. 0.21. L. 0.34.

CHAUVET (J.)

129. Recueil de vues de Paris, dessinées par J. Chau-
vet de 1876 à 1893. Cent quatre-vingt-treize des-
sins à l'aquarelle en 2 vol. in-folio reliés en
mar. vert, dos orné, dent. (*Petit*).

> Ces dessins classés par arrondissements et quartiers nous re-
> présentent des monuments et coins pittoresques de Paris, déjà,
> pour la plupart, tombés sous la pioche des démolisseurs.

CUVILLIÉS (François de)

130. Décoration d'un salon dans un pavillon de
chasse. Les portes, fenêtres, panneaux, cheminée
avec glace, sont dans des arcades cintrées par le
haut, et portant comme agrafes des têtes de
cerfs, de loups, etc. Le plafond est orné de
groupes d'amours dans la corniche. A la plume,
avec rehauts à l'encre de Chine et à l'aquarelle.

> A. 0.25. L., 0.48.

DELAFOSSE (J.-C.)

131. Composition allégorique avec monuments anti-
ques, temples, obélisques, vases, etc. A la plume
et à l'encre de Chine. Signé. Encadré.

> Frontispice pour l'*Iconologie*.
> H. 0.33. L. 0.19.

132. Projet de façade monumentale pour une ville
fortifiée. La porte, comprise entre des canons
accolés, placés debout, est surmontée d'un dôme
arrondi. Devant ce dôme un fronton, avec sujet

militaire, compris entre des faisceaux de dra-
peaux et des mortiers. A la plume et à l'encre de
Chine. Signé.

H. 0.26. L. 0.39.

133. Moitié d'un cartouche ornementé avec tête
d'homme, surmonté d'une coquille dans le bas
et mufle de lion sur le côté. A l'encre de Chine
avec rehauts d'aquarelle. Signé. Encadré.

H. 0.34. L. 0.21.

134. Moitié d'un dessus de porte, avec trophée,
formé d'un brûle-parfums, de faisceaux et de
branches de chêne. A l'encre de Chine.

H. 0.21. L. 0.42.

135. Moitié d'un dessus de porte avec milieux for-
més de carquois et de flèches, traversant une cou-
ronne de roses. A l'encre de Chine.

H. 0.21. L. 0.42.

136. Archivolte ornée du chiffre de Louis XV, entouré
de guirlandes de feuillages et modèles de pan-
neaux ornés de sceptres croisés et de carquois.
A la plume et à l'encre Chine.

H. 0.19. L. 0.28.

137. Applique à trois lumières, A la plume et à
l'encre de Chine. Encadré.

A été gravé par *Berthault*.

H. 0.25. L. 0.20.

138. Deux gobelets avec pieds ornementés avec
coquilles, perles, branches de feuillages. A la
plume et à l'encre de Chine. Signé des initiales
J. C. D. Encadré.

DIVERS

139. Décorations de salons, chambres à coucher,
boudoirs, etc. Douze dessins à l'aquarelle.

140. Modèles de plafonds. Douze dessins à la plume,
à la sépia et à l'encre de Chine.

141. Portes monumentales de palais et d'édifices
publics. Cinq dessins.

142. Motifs particuliers de décoration, frises, car-
touches, consoles, lambris, etc. Dix-sept dessins
à l'aquarelle, à la sanguine et à la plume, par
Delafosse, Pineau, etc.

143. Détails de fenêtres, plafonds, façades des châ-
teaux de Chambord, de Vaux, de la maison de
Diane à Orléans, etc. Onze dessins au crayon, à
la sanguine et à l'aquarelle.

144. Décorations théâtrales. — Avant-scène d'un
théâtre. Quatre dessins à la plume rehaussés à
l'encre de Chine et à la sépia.

145. Modèles de tables et consoles. Quatre dessins
à la plume, à l'encre de Chine et à la sépia.

146. Vue perspective d'un château. — Chapelles de
Henri VII à Westminster. — Chapelle Saint-
Georges à Windsor. — Porte de ville. Détails de
fenêtres, etc. Six dessins à la plume, rehaussés
à l'aquarelle et à l'encre de Chine.

> Parmi ces dessins exécutés au xvie siècle et au xviie siècle,
> un est signé *V. de Vriese* et daté 1578.

147. Vues de Rome et des environs. Quatre-vingt-
cinq dessins des dix-septième et dix-huitième
siècles, par P. Bril, Natoire, Échard, Pérignon,
Nicole, etc., à la plume et à l'aquarelle. En un
vol. in-fol. oblong cartonné.

> Beau recueil contenant un certain nombre de dessins im-
> portants.

148. Vues de Rome et des environs à la fin du dix-
huitième siècle. Quarante-huit dessins à l'aqua-
relle. En un vol. in-fol. oblong, demi-rel. mar.
vert.

> Belle collection.

DUFOUR (Alex.)

149. Esquisses, croquis et dessins, faits pendant le
voyage de l'artiste en Italie, de 1785 à 1790. En-
viron sept cent quarante dessins à la plume, au
crayon et à l'aquarelle, en trois volumes in-fol.
cart.

> Dufour, architecte du château de Versailles sous Napoléon Ier,
> fut le compagnon de voyage en Italie de l'architecte Fontaine.
> Ce recueil de dessins ne contient pas seulement les nombreuses
> aquarelles et les croquis faits dans les diverses villes d'Italie, il

renferme aussi des vues de Londres, à l'aquarelle, divers projets de décoration pour les palais parisiens, le dessin de la loge de l'empereur Napoléon 1ᵉʳ dans la salle de spectacle des Tuileries, divers projets de monuments, etc.

DUGOURC (Jean-Denis,

École Française (1760-18..)

150. Porte-fenêtre cintrée avec draperie. On aperçoit une partie de la boiserie à droite et à gauche et de la corniche. A la plume et à l'aquarelle. Signé.

H. 0.41 L. 0.21.

ÉCOLE ALLEMANDE

(XVIIIᵉ siècle)

151. Plafond avec bordures où sont figurées allégoriquement les quatre parties du monde. Au centre, Apollon sur son char. A la plume et à la sépia.

H. 0.30. L. 0.37.

ÉCOLE FRANÇAISE

(XVIIᵉ siècle)

152. Projet de tombeau placé sous une arcade supportée par quatre colonnes de marbre accouplées deux à deux. Sur le tombeau, devant un prie-dieu, le défunt, revêtu d'une robe de magistrat, est agenouillé. A la plume avec rehauts d'encre de Chine et de lavis.

H. 0.35 L. 0.54.

153. Projets de plafond. Six dessins à la plume.

Ces dessins paraissent être l'œuvre de *Jean Cotelle.*

ÉCOLE FRANÇAISE

(XVIIIe siècle)

154. Trois faces d'un salon Louis XVI, orné de
glaces de forme cintrée comprises entre des
colonnes plates assemblées. Petites et grandes
portes à double vantail surmontées de panneaux
ornés avec médaillons, trophées, etc. Devant les
glaces sont suspendues des torchères, à plusieurs
branches. Une des faces est garnie de deux
canapés. Trois dessins à la plume et à l'aqua-
relle.

    H. 0,26. L. 0.43 et 0.31.

155. Projets pour la décoration d'un grand salon
Louis XVI, orné de glaces rectangulaires avec
frontons, de panneaux en bois sculpté, d'une
cheminée avec glace, de portes à deux vantaux,
surmontés de motifs en reliefs, amours et brûle-
parfums. Quatre dessins à la plume et à l'aqua-
relle.

    H. 0.27. L. 0.40.

156. Divers projets pour salon Louis XVI, avec che-
minée, ou glace avec fronton comprise entre deux
portes à deux vantaux. Chaque porte est surmontée
d'un haut-relief, avec trophées ou scènes mytho-
logiques. Trois dessins à la plume et à l'aqua-
relle.

    H. 0.28. L. 0.43.

157. Face d'un salon lambrissé, orné de boiseries,

avec cheminée de marbre surmontée d'une glace.
A la plume avec rehauts d'encre de Chine.
H. 0.26. L. 0 48.

158. Une des faces du foyer du théâtre Montansier
(Palais-Royal), avec portes, glaces, corniches,
balcons et frontons. A la plume et à l'aquarelle.
H. 0.16. L. 0.68.

159. Décoration de salons et boudoirs. Cinq dessins à
la plume et à l'aquarelle.

160. Projet de porte avec fronton orné et vantaux
avec panneaux sculptés. A la plume et à l'aqua-
relle.
H. 0.4?. L. 0.21.

161. Moitié d'une cheminée, de style Louis XVI,
avec tablette circulaire supportant un vase accoté
de deux amours. Les jambages formés d'une
figure de femme, dont la partie inférieure se ter-
mine en volute, sont surmontés d'un vase orné.
A la plume et au crayon noir, avec rehauts de
lavis.
H. 0.42. L. 0.21.

162. Plafond de salle de spectacle, avec muses,
amours, etc. A la plume et à l'encre de Chine.
Encadré.
H. 0.24. L. 0.32.

163. Modèles de plafonds, avec milieux peints.
Quatre dessins à la plume et à l'aquarelle.
Beaux dessins dans la manière de *Cauvet*.

164. Modèles de plafonds. Six dessins au crayon, à
la plume et à l'encre de Chine.

> Jolis dessins. Deux projets pour plafonds de l'hôtel Soubise et
> de l'hôtel Richelieu.

165. Frise dans le goût chinois, avec diablotins,
animaux fantastiques, etc. A la plume et à
l'aquarelle.

> H. 0.23. L. 0.89.

166. Grand surtout de table, avec compotier, buires,
salières, flambeaux, etc. Au centre, un dais sur-
monté d'un amour. Sur le devant du surtout,
dans la partie inférieure, un écusson surmonté
de la couronne royale. A la plume, avec rehauts
d'encre de Chine et d'aquarelle. Encadré.

> H. 0.38. L. 0.54.

167. Modèle de soupière, avec anses formées de
têtes de béliers. Au centre, un écusson avec
couronne. Le couvercle est surmonté d'une
pomme de pin. A la plume et à la sépia. En-
cadré.

> De la Collection du baron J. PICHON.
> H. 0.33. L. 0.48.

168. Modèles de gaines, glaces, flambeaux, dessus
de boîtes, bordures de cadres, etc.

> Dix dessins attribués à *Pineau, Babel, Delafosse,* etc.

169. Grande croix de maître-autel, richement ornée,
avec médaillons contenant diverses scènes de la
vie du Christ. Parmi les ornements du pied de la

croix, des anges ailés, les quatre Évangélistes, les vertus théologales, etc. A la plume et à la sépia. Encadré.

H. 0.92. L. 0.43.

170. Projet pour le maitre-autel de l'église Notre-Dame, à Paris. Aquarelle et encre de Chine.

H. 0.65. L. 0.39.

171. Ornements d'église. Croix, bénitier et chandelier. Trois dessins par Delafosse et Petitot.

ÉCOLE HOLLANDAISE

*(XVIII*e *siècle)*

172. Vestibule d'un château avec poêle orné, escalier et lambris en boiserie. Vue perspective sur des jardins. Divers personnages animent la composition. A la plume et à l'encre de Chine. Encadré.

H. 0.33. L. 0.50.

ÉCOLE ITALIENNE

173. Façades, galeries, détails d'architecture, etc. Onze dessins à la plume et à la sépia.

EISEN (Ch.)

174. Sept modèles de cartouches d'armoiries avec leurs supports, formés d'amours, sur la même feuille. Un de ces cartouches porte les trois fleurs de lys de France. A la plume et à l'encre de Chine. Signé et daté 1770. Encadré.

A été gravé dans l'*Œuvre d'Eisen*.

H. 0.23. L. 0.18.

FAY

175. Une des faces du grand cabinet du roi à Fontainebleau, avec glace cintrée ornée de draperies, comprise entre deux portes avec panneaux et dessus peints. A la plume et à l'aquarelle. Encadré.

> Très beau dessin.
> H. 0.46. L. 0.58.

176. Une des faces du cabinet du roi à Fontainebleau, ornée d'une glace comprise entre deux panneaux peints avec arabesques. A la plume et à l'aquarelle. Encadré.

> Beau dessin, pendant du précédent.
> H. 0.46 L. 0.47.

GUILLAUMOT

177. Reconstitution du château de Marly. Détails d'architecture. Vues de la forêt environnante. Quatorze dessins au crayon noir, à la plume et à l'aquarelle.

> Gravés dans une publication relative au château de Marly.

LEBRUN (Ch.)

178. Fontaine de Scylla. Au crayon et à la plume avec rehauts d'encre de Chine. Signé. Encadré.

> A été gravé dans la suite des *Fontaines* de Lebrun.
> H. 0.27. L. 0.33.

MAROT (Daniel)

179. Pavillon de forme octogonale dans un jardin.

On y accède par un perron de huit marches avec
rampes en fer forgé. Au-dessus de la porte d'en-
trée, un écusson surmonté d'une couronne. A
droite et à gauche de cette porte, statues de
Cérès et de Pomone. A la plume et à l'aquarelle.
Signé. Encadré.

H. 0.51. L. 0 36.

180. Pavillon de forme rectangulaire dans un jardin.
La façade est ornée d'une porte entre deux colon-
nes, de deux fenêtres et d'un perron de six
marches. Au-dessus de la porte, un écusson avec
armoiries soutenu par deux griffons. A la plume
et à l'aquarelle. Signé.

H. 0.48. L. 0.35.

181. Pavillon de forme ovale dans un jardin, avec
porte et deux fenêtres. Au-dessus de la porte
armoiries soutenues par deux sphinx. A la plume
et à l'aquarelle. Signé.

H. 0.51. L. 0.35.

NICOLE (V.-T.)

182. Vues de Rome et de l'Italie.. Quarante-deux
dessins à l'aquarelle, à la plume et au crayon
noir. En un volume in-fol. oblong cartonné.

NILSON (J.-E.)

183. Pendule et son socle de forme rectangulaire,
avec riches ornements dans le style rocaille. Le
cadran est entouré d'amours. Plume et encre de
Chine. Encadré.

H. 0.25. L. 0,18.

OPPENORT (Gilles-Marie)

184. Projet de décoration de la salle des Gardes de l'Electeur de Cologne, comprenant une partie d'une porte, d'une fenêtre et de leurs dessus. A la plume.

> Gravé dans l'œuvre.
>
> H. 0.37. L. 0.23.

185. Cheminée monumentale surmontée d'un portrait en pied de souverain dans un cadre orné compris entre pilastres avec appliques en relief. A la plume et à la sépia.

> H. 0.38. L. 0.27.

186. Voussure de plafond orné de sphinx, de tritons, de joueurs de mandoline, d'ours dansant. A la plume. Signé. Encadré.

> Nombreuses annotations manuscrites.
>
> H. 0.28. L. 0.45.

187. Corniche d'un plafond, formée d'une balustrade sur laquelle des draperies sont posées. Des amours supportant des vases, des carquois, etc. A la plume.

> H. 0.12. L. 0.82.

PERELLE (Nic.)

188. Château de Chaulnes en Picardie. A la plume.

> A été gravé dans le recueil de *Perelle*.
>
> H. 0.20. L. 0.31.

PRIEUR (Louis)

189. Une des faces d'un salon du côté de la cheminée, surmontée d'une glace avec fronton formé d'une lyre. A droite et à gauche, deux portes avec dessus ornés au milieu desquels est réservé un cartouche circulaire. A la plume et à l'aquarelle. Encadré.

H. 0.28. L. 0.42.

190. Une autre face du même salon prise du côté des fenêtres, garnies de rideaux avec lambrequins, et séparées par une console à quatre pieds. Au dessus de la console, une glace avec fronton et appliqué. A la plume et à l'aquarelle. Encadre.

H. 0.28. L. 0.41.

PRUNIÉ (B.)

191. Grille qui entoure la statue équestre de Louis XV à Bordeaux. Signé et daté 1751. A la plume et l'encre de Chine.

H. 0.21 L. 0.58.

On y joint un dessin de grille avec porte monumentale surmontée d'un écusson orné.

RANSON

192. Face d'un salon richement orné du côté de la cheminée surmontée d'une glace rectangulaire avec fronton. A droite et à gauche panneaux et portes ornées avec dessus. Ameublement de six fauteuils. A la plume avec rehauts d'aquarelle et d'encre de Chine. Encadré.

H. 0.50. L. 0.25.

193. Une des faces d'un boudoir avec canapé devant une glace, dans un renfoncement avec partie supérieure cintrée ornée de guirlandes de fleurs, portées par des amours, auxquelles est attaché un portrait de femme. A droite et à gauche, deux armoires vitrées servant de bibliothèque.A la plume et à l'aquarelle. Encadré.,

H. 0.26. L. 0.23.

194. Modèles de tapisseries pour garniture d'un lit, fond, dessus et côtés, trois dessins à l'aquarelle.

ROUSSEAU (Pierre)

195. Coupe longitudinale de l'hôtel du prince de Salm devenu le palais de la Légion d'honneur. La décoration du grand salon circulaire en façade sur la Seine est indiquée. A la plume et à l'aqua-
relle.

H. 0.10. L. 0.30.

SAINT-AUBIN (Gabriel de)

196. Projet de lit d'alcove avec baldaquin supporté par deux cariatides. Le fond du lit est orné d'une tapisserie avec amours ; le devant, d'une balus-trade près de laquelle est posé un brûle-parfums. A droite de l'alcove, une glace garnie de drape-ries. Au crayon noir rehaussé d'encre de Chine.

H. 0.37. L. 0.27.

TARAVAL (Gustave)

197. Projet pour la construction du Théâtre de l'Odéon. Sur la place devant l'édifice, des prome-

neurs, des voitures, des marchands ambulants.
Dans le fond, le Luxembourg. A la plume et à
l'aquarelle. Encadré.

H. 0.30. L. 0.50.

198. Une des faces d'un salon ornée de trois grandes
fenêtres vitrées et garnies de rideaux avec lam-
brequins. Entre les fenêtres, deux grandes
torchères, supportées par des femmes posées sur
des fûts de colonne. A la plume et à l'aquarelle.
Signé. Encadré.

H. 0 39. L. 0.60.

199. Grande galerie formant bibliothèque. Au milieu,
dans une niche entre deux colonnes, est placé,
sur un fond de draperie, un buste avec un pié-
destal. A droite et à gauche, deux portes à deux
vantaux surmontés de motifs allégoriques en
relief. A la plume et à l'aquarelle.

H. 0.21. L. 0.62.

200. Vue d'une grande salle avec colonnade d'ordre
ionique. Les entre-colonnements sont garnis de
bustes posés sur des piédestaux de forme rectan-
gulaire. Une tribune avec double escalier occupe
le milieu de la salle. Le plafond, en partie vitré,
est orné dans la corniche de compartiments
carrés avec rosaces, et dans les écoinçons de
médaillons, avec têtes de personnages, soutenus
par des femmes en relief. A la plume, à l'encre
de Chine et à l'aquarelle.

H. 0.37. L. 0.66.

201. Façade et coupe d'un pavillon circulaire avec dôme et colonnade intérieure et extérieure. Au centre, statue de roi. Au pourtour et au-dessus de la balustrade extérieure, nombreuses statues de femmes. Deux dessins à la plume et à l'encre de Cnhie.

H. 0.23. L. 0.36.

202. Façade et coupe de pavillon circulaire avec colonnade intérieure et extérieure. Dessus de portes, corniches, entre-colonnes décorés avec statues et reliefs. Deux dessins. A la plume, à l'encre de Chine et à l'aquarelle. Signés.

H. 0.25. L. 0.40.

203. Entrée de chapelle en forme de demi-cercle surmontée d'une coupole supportée par quatre colonnes cannelées d'ordre ionique. Sur le devant, porte à deux vantaux avec boiseries sculptées. A la plume et à l'encre de Chine. Signé.

H. 0.33. L. 0.25.

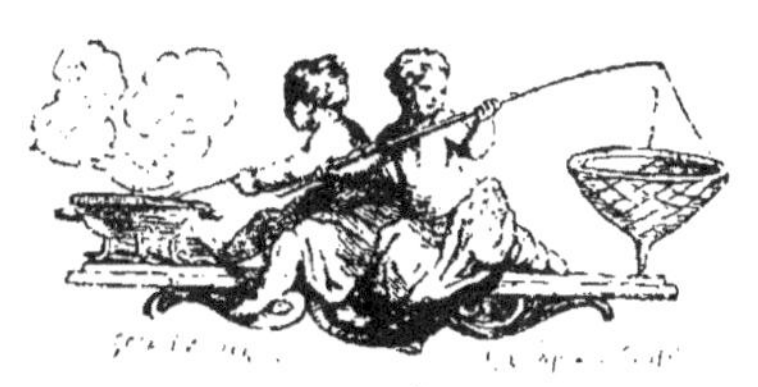

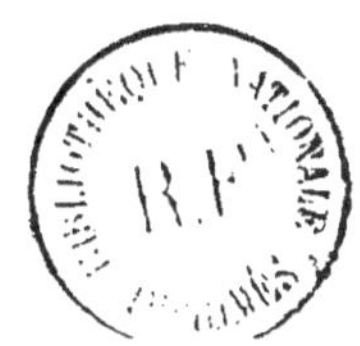